Nvidiaのプロジェクトシールドはあなたの浴室の快適さに国境地帯2を
リーミング

NVIDIAの新しい電力ハンドヘルドは確かに目を見張るものがあります。それ
は人間工学的に快適になりそうだゴージャスな形状を持っていますが、華や
かな画面とその大きさは、デバイスの能力を補完するように見えるだけでな
く。
我々はどのようなゲームの具体的な詳細がハンドヘルド上で提供される必要
はありませんが、我々はプロジェクトのシールドがあなたのホームネット
ワークからではあるが、それを直接ストリームにスチーム機能が使えるよう
になりますことを知っていますか。
このビデオでは、この機能は動作しますどれだけの味を得ることができま
す。
シールドは、本質的にあなたのデバイスに直接ゲームをストリーミング、同
時にゲームを実行するためにコンピュータを必要とするように思える。期待
はずれ？少し。それはちょうど私が空港で私のフライトを待っている間
XCOMで戦略を練ることができないことを意味します。

PC、Xbox 360、およびPS3用トゥームレイダー
ここでは、若くて経験の浅いララ・クロフト最初の冒険が始まる

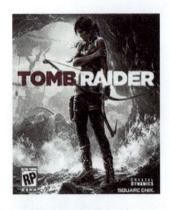

残忍な嵐は彼女が旅していた船を破壊した後に、おびえた若い女性は未知の
ビーチに漂着残っている。彼女自身ではなく、単独で彼女が生き残るための
唯一の目標を持っています。ここではそのチャートの旅を物語の中で、若
くて経験の浅いララ・クロフト最初の冒険が始まる 彼女が生き続けるために
行かなければならないだけでどこまで見つけ出し普通の女性の。

アサシンクリード4：PC、Xbox 360、PS3のは、Wii U、およびPS4のためのブ
ラック・フラッグ

我々はすでに知っている<u>プレイステーション4は2013年のホリデーシーズン中
にいつか到達している</u>が、インタビュー アサシンクリード4のクリエイティ
ブディレクターは、10月/ 2013年11月にリリースのウィンドウを縮小している
可能性があります。ゲームはまた、現在未発表次世代Xboxで発売予定されて
いることを考えると、それはまた、Microsoftの次世代コンソールが同時期に
リリースされると仮定することができます。
に話す<u>Xboxの外で</u>、ユービーアイソフトモントリオールのジャンGuesdonは
PS4の（そして次のXboxの）バージョンを示しました *アサシンクリード4：
黒旗は*2013年10月29日に現在の世代とPC版と一緒に出荷されます。バージョ
ン間の任意の遅延があるだろうかどうかを尋ねられたら、"同じ船"と、彼は
答えた。が、それは彼が単に次世代バージョンの開発完了を参照している可
能性のままである。
我々は、多分、彼が言ったことが誤解されているかどうか、彼のコメントを

明らかにするためにユービーアイソフトに手を伸ばしたが、我々は、一般的な広報文を受け取った10月29日の再確認は、Xbox 360、PS3とWii Uの上の2013年のリリースでは、それは次のようになります。我々は、ゲームのPS4のリリースについて調べるために待つ必要があるでしょう。そしてそのことについては、プレイステーション4コンソールの実際の発射。一方、Microsoftは実際には次のXboxを発表するために、我々はまだ待っているが、AC4モデルは既にその存在を確認した。

インタビューの全文は下のビデオをチェックしてください。に関するGuesdonのコメントに耳を傾けるために周りの5時40分までスキップ アサシンクリード4の次世代リリース。

レビュー：Gears of Warのジャッジメントが話をする方法を知っていますが、提供するスリップ

投じが任意の過去の認識から、"弱いリンク"とみなされ、削除されるときに"戦争、戦争決して変化しません。"兵士たちは、質問せずに当局とそのガイドラインを下回る。それは高貴なシステムだが、1が一緒に、彼らは非常に戦う兵士を救うために上層部を見下しに直面しているときに何が起こるか？これは、Gears of Warのジャッジメント、およびEPICは、筋肉隆々のヒーロー、マーカスフェニックスとせずのイベントの後に落ちることなく、彼らの物語大ヒットシリーズを改革に着手した戦争3の歯車。それは確かに別のパスですが、少なくとも立派な一から一ファンが両手を広げて歓迎します。はい、Gears of Warのジャッジメントは前編であり、はい、それは常に、狡猾デイモン・ベアードと彼thrashball蹴るチームメイト、アウグストゥスコールを中心としたが、それはまた、以前よりもずっとです。ほとんどの前編では、開発するには余りにも頑張って文字を含めて、あまりにも長い間をドラッグ説明のつかない話の餌食になるのに対し、判決は：Gears of Warの間違いなく

文字でまもなく出現の日後にファンが世良の終焉に関して洞察与える最も簡単な物語を伝えそれは有効な方法で互いに相互作用する。

COGの上層部からの命令に背いたために逮捕され、軍事·トリビューン-ベアード、コール、そして新人ソフィアヘンドリックス、そしてGarron Padukの成る-判決の話は実際にキロの分隊のために解説していますキャンペーンの終わり近くに開始されます。物語は、自分の裁判中の証言として使用されているフラッシュバックを通じて繰り広げられる。アイデア自体が革命的でもプログレッシブではありませんが、それは、特にのためにそのような方法で、非常によくあなたが気に傾いていることをやっている*戦争の歯車*シリーズ。そして、あなたは彼らの物語を与えキロメンバーの三人称買収を通じて正常に行われ、各文字からこれらの個人的な証言を提示しているとして、あなたは簡単のようにまとめているプロットに引き込まれるだろう"腐っミッション。"

この式の中の成功は間違いなく、各チームメンバーの相互作用で発見され、それらを認識するようになってどのようにされています。グループの仲間が友情内で見つかったが、差分障害されていないそれぞれの本質に迫っクレジットにより近いそれらをもたらし、これに合格する必要があります。ソフィアは、例えば、次の受注に熱心な若い士官候補生である。キャンペーンを通して、彼女はキロの分隊の後だと "より大きな善"のための彼女のCOGの指揮に従うように彼女の本能を戦う必要があります。

マリオ＆ルイージ：ニンテンドー3DSのためのドリームチーム

マリオ＆ルイージ：ドリームチームは、ニンテンドー3DSでRPGゲームのシリーズを続けて

マリオ＆ルイージで：ドリームチームは、彼の夢は設定として動作します寝ルイージの心を入力します。あなたがパズルを解くと敵を克服するために働くようにルイージとマリオ両方としてプレー。

マリオ＆ルイージ：3DSに向かったドリームチーム

今朝からルイージ発表、マリオ&ルイージロールプレイングにおける新たな割賦を続けると

PC、PS3用グランドセフトオートV、およびXbox 360の

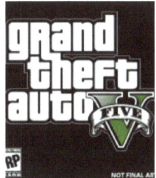

ロスト・サントスとその周辺地域の都市にバックステップ。GTA Vは、オープンワールドで自由なストーリーテリング、ミッションベースのゲームプレイ、オンラインマルチプレイを大胆な新しい方向性をもたらし、グランドセフトオートVは再想像、現代の南カリフォルニアの全能ドルの追求に焦点を当てて…

PS3用プレイステーション4

確認されていないソニーの次世代コンソール

ソニーの家庭用ビデオゲームコンソールの次の進化。それは解放のために確認、また、それがあってもプレイステーション4と呼ばれることが確認されていないが、歴史はかなり既にソニーの次の、必然的なコンソールの名前を決めました。後は、プレイステーション、プレイステーション2とPlayStatioを持っている…

のXbox 720

Xbox 360に非公式の後継

完全に非公式の名前は、Xbox 360の後継モデルに与えられた。名前が確認されていないが、Microsoftは次世代システムをブレインストーミングした場合ことは間違いありません。それは、Xbox 720または横のボックスになるだろうかどうか、我々はMicrosoftが来ているものは何でも、行かれているので安心でき

WiiとUのスピードモストウォンテッドニードフォーU

任天堂のコンソールのために特別に設計されており、最重要指名手配Uは特にWiiのUのゲームパッドを活用するために構築された機能を備えています。コ・ドライバーモードでは他のプレイヤーがコントロールとnavを提供するために、ゲームパッドを使用しながら、一人のプレイヤーがWiiリモコンやWiiUのプロ・コントローラーを使用して駆動することができます

PC、PS3およびXbox 360向けのDOOM 4
レガシーは、id Softwareの人気FPSゲームの4番目の割賦と住んでいる

レガシーは、id Softwareの人気FPSゲームの4番目の割賦で生き続けています。

周辺視野：天才GXヒラのゲーミングマウス

あなただけのカジュアルな筋金入りのゲーマーだかどうか、あなたは右のマウスを選ぶことがいかに困難な可能性を感じたことがあるはずです。我々はすべてのマウスは私たちの手の延長であることを教えられてきたものの、右の適合を見つけることが果てしなく挑戦することができます。今日、我々はこの課題に取り組み、天才のプロフェッショナルゲーミングマウスは、GXヒラを見てみています。それは堂々とした小さな怪物だ - その機能の一部が含

まれます：アジャスタブル・ウエイトシステムは、最大8200 dpiで、3つの分野で1,600万RGBバックライトシステム、ラバーコーティングと付属のソフトウェアを介して結合することができる12個のボタンを。

それは確かに印象的なリストだが、任意のマウスの中で最も重要な側面は、それがどのように感じています。GXのヒラは、両方の左と右利きのプレーヤーのために適した左右対称の形状で、非常に小さいですが、そのサイズのため重いです。それは爪と手のひらの両方にこのマウスは可能ですが、私はマウスをpalmingことは私の大きな手によるものだろう、ゲームプレイ中に少し不快に感じていることがわかった。

重み自体は素敵な小さなケース内に来て、あなたはそれらの6を持っている。マウスの重量を変更することは簡単です：あなたは6円形の穴に小さなゴムの三角形を見つけるその内部に、小さな区画を明らかにするために下のボタンを押してください。あなたは、単に、三角形を取り出して穴の一つに重みを開かれて、そのマウス内部のすべてのバックを置く！私は明るすぎる、または重いマウスに非常に敏感だからマウスの重量を変更することができるという考えを本当に好きだ。

GXのヒラの一つの驚くべきインクルージョンは、現在が破損または磨耗して得るときのためのスペアフィートです。私はそれが後で道の下で廃止マウスの交換用足を見つけることがいかに難しいか十分に強調することはできません。

LTEの機能を拡張するアップルのリリースのiOS 6.1

The Transamerica Pyramid Building is a registered service mark of Transamerica Corporation.

アップル、昨日は、iOSの6.1、2012年9月以来のiOS 6の最初のメジャーアップデートをリリースした。いくつかのマイナーな機能とバグ修正を追加して

いるときにすぐにダウンロードすることが可能な新しいアップデートは、デバイスのLTE機能を拡張します。

世界36追加のiPhoneのキャリアと23の追加のiPadのキャリアは今、LTEの能力を持っているために可能にする "超高速無線パフォーマンス。"

"iOSの6は、世界で最も先進的なモバイルオペレーティングシステムであり、わずか5カ月でのiOS 6で約300万のiPhone、iPadとiPod touchのデバイスと、それは歴史の中のOSの中で最も人気のある新しいバージョンかもしれない"と、フィリップ・シラーは述べてワールドワイドマーケティングのアップル社の上級副社長。"のiOS 6.1はさらに、ユーザーは超高速のSafariブラウザ、FaceTimeビデオ通話、iCloudのサービス、iTunesやApp Storeのダウンロードを楽しむことができるよう、世界中のより多くの市場にLTEサポートをもたらします。"

アップデートのその他の注目すべき機能はファンダンゴを通じて米国内の映画のチケットを購入するシリを使用する機能が含まれており、iTunesのマッチの加入者は、iCloudのから自分のiOSデバイスへの個々の曲をダウンロードすることができます。いくつかのマイナーな変更はAppleの通帳に新しい搭乗券の動作は、Safariにいくつかの調整、そしてAppleのマッピングソフトウェアで、バックエンドの変更が含まれています。

のiOS 6.1は、無料ソフトウェアアップデートとして利用可能で、iPhone 5は、iPhone 4S、iPhone 4、iPhone 3GS、iPadの（第3、第4世代）、iPadのミニ、ipadと2とiPod touch（第4,5世代）と互換性があります。

他のApple関連のニュースで、同社は本日、Retinaディスプレイと128ギガバイトのiPadを発表しました。

ゴッド・オブ・ウォー：PS3用昇天

彼は自由、償還、と明快さを求めるようにクラトスに参加

彼は自由、償還、これまで一連の戦争の冒険の中で最も野心的な神に彼の家族の仇を討つために明快さを求めるようにクラトスに参加します。

はい、Divekickと呼ばれるゲームがあるのです。それは、PS3とVitaに来ている、そしてそれが聞こえるかがまさにそれだ

冗談は現在のPS3とPlayStation Vitaに来ているとして何を始めた。 Divekick、文字は"ダイブとキック"であり、ボタンはダイブとキックアールゲームは、ちょうど上で確認されているプレイステーションブログ。
"我々はプロトタイプを開発したように、このゲームは明らかに単一の動きが実際にどのように深くすることができます説明するのに最適なツールであることが明らかとなった、高応力、ハイテンションゲームは我々のテストグループが夢中に保管していたことを、"説明 Divekickはクリエーターアダムハート。
"ゲームはこのスキルは戦闘ジャンルの中核です。誰かをoutsmartingし、それらにあなたの意志を強制約純粋ですが、我々は他の戦闘のタイトルを行き詰まら実行と暗記障壁の選手の膨大な数を剥がしてきたので、オフィスは非常に熟練した、非常にかかわるようになりました

スタークラフトII：PC用スウォームのハート

サラ·ケリガンが緩んでいます。でも、ブレードまたは彼女のコマンドでスウォームの力の女王の恐ろしい力なしで、前者ゴーストは軽く取られるべきではない敵のまま

刃の女王がなくなっています。地獄のような惑星のCharで、ジム・レイナーは
キョプリュリュセクターをオーバーランするザーグのスウォームを停止しよ
うと必死に企てXel'Naga古代のアーティファクトの力を活かした、アーティ
ファクトは彼女の人間の姿にサラ・ケリガンを復元しました。導き、統一する
彼らの女王なしで

PCおよびMac用のシムシティ

**シムシティは、市内の建物、象徴的なビデオゲームシリーズの2013年再起動
となって経営シミュレーションゲームです。**

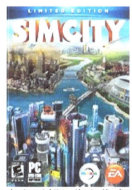

あなたが望む街を作成し、その中にあなたの街とパワーシムズを形作る選択
を行う。大きいか小さいすべての決定は、実質的な影響を持っています。重
工業に投資し、あなたの経済が急増する-しかし、汚染が広がるあなたのシム
の健康を犠牲にして。グリーンテクノロジーを実装して

バトルフィールド3：PC、Xbox 360、およびPS3用エンドゲーム

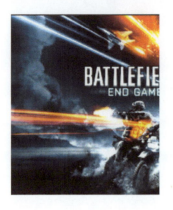

エンドゲーム：我々は現在、バトルフィールド3の説明に取り組んでいます。
エンドゲーム画像：バトルフィールド3

悪魔城ドラキュラ闇の貴族 - 3DSのための運命の鏡

あなたはトレバーベルモントの母親の死を復讐するために冒険に出たとしてガブリエルの子孫の物語を体験してください

当初25年間城のイベントの後に設定します、彼らが唯一の彼らの本当の、衝撃的な運命を発見するために、それぞれの時代に、自らの運命を戦いとして影の君主たちが、運命のミラーは、ガブリエルの子孫の物語を明らかにするであろう。トレバーベルモント、光の同胞団の騎士はに乗り出す

スクウェア・エニックスがリリースし350万人以上の墓が家宅捜索されている

が、他のトゥームレイダーの統計

むしろ興味深い統計の数がためにパブリッシャースクウェア・エニックスによってリリースされている<u>トゥームレイダー</u>。これは、ゲームの売上高または現在再生中の人々の数に基づくデータではありません。代わりに、彼らは殺されているどのように多くのカニ追跡ゲーム内の統計だ、どのように多くの墓のように、家宅捜索されました。

のランダウン トゥームレイダー3月16日の統計としては、次のとおりです。

- 5294879鹿が殺された
- 1417750カニは殺さ
- 13742891臨死エスケープ
- 11067764敵の攻撃がかわした
- 147675058敵は矢印キーを使用して殺す
- 20601083敵は火の矢を使用して殺す
- 倒れた敵から回収356988302矢印
- 3570956墓が家宅捜索

それは、これらの統計情報はスクウェア・エニックスによって更新されたから2日経っているので、数字が少し増加していることが信じなければならない。いずれにせよ、それはどれだけの労力の素敵な概算だ トゥームレイダーのプレイヤーがゲームに投資してきました。

*ため息*悪いカニ。

バットマン：WiiとUのアーカムシティ装甲版

ダークナイトは、任天堂の最新のコンソールに来る

WBのゲームモントリオール、バットマンによって開発された：アーカムシ
ティ装甲版は、ロックステディスタジオによって作成された数々の賞に輝く
大ヒットテレビゲームの拡張版です。WiiのUバージョンは、強化されたゲー
ムプレイ力学とこの時間、元のタイトルと同じインパクトのストーリーと
ゲームプレイを実現します...

_____

WiiとUの任天堂ランド

一つのタイトル、12のテーマのミニゲーム。

任天堂ランドは人気の任天堂ゲームの世界に基づいたアトラクションでいっ
ぱいの楽しさと活気に満ちた仮想テーマパークです。各アトラクションは、
Wii Uのゲームパッドコントローラによって可能となった、ユニークで革新的
なゲーム体験を提供しています。アトラクションによっては、プレーヤーが
競う、ソロをプレイすることができます...

_____

任天堂ランドのスクリーンショットと画像

最新のスクリーンショット、アートワーク、写真、および任天堂ランドは、Wii Uの活動パックゲームの他の画像

多分PS4は "エンターテインメント・ハブ"になるべき
市場調査会社の<u>ニールセンは、</u>より多くのプレイステーション3ユーザーが実際にXbox 360は、Microsoftの明確な与えられた衝撃的な結論よりも、そのコンソールのvideo-on-demand/streamingサービスの利点取った明らかにした<u>エンターテインメント・ハブの以上に彼らのコンソールをオンにする意図を</u>する能力とをゲームをプレイする。

PS3のユーザーは、前年度中に15%から、2012年に彼らのコンソール時間ストリーミングコンテンツの驚異的な24%を費やしてきました。一方、Xbox 360ユーザーは、実際には13パーセント、前年比14%ダウン、tiimeストリーミングコンテンツの量が減少している。さらに、プレイステーション3所有者は、Blu-RayまたはDVDを鑑賞自分の時間の18%の追加を費やしてきました。これは昨年に比べて4%減少しているものの、それはまだXbox 360の所有者のそれよりも9パーセント高いです。Xbox 360の所有者がダウンロードした映画やテレビ番組を（わずか3%）見て多くの時間を費やしながら、PS3の所有者は、音楽を聴いたり、インターネットを使っているように、他の目的のために彼らのコンソール時間の多くを使用することでそれを補う。

たぶん、ソニーがPS4で彼らのゲームで初めて戦略を再考する必要があります... <u>naaaaah</u>。私たちに独占や映画を鑑賞する能力与える- PSNとの自由のために、私は追加するかもしれない。

ニールソンによって収集された情報はチェックアウト、米国で2500＋一般poplation消費者の調査から2011年10月と2012年10月に集まった<u>ニールソンを</u>フル内訳について

Kinectを使ってXbox 360の4GBのコンソール
我々は現在のKinectとXbox 360の4GBの
コンソール用の説明に取り組んでいます。

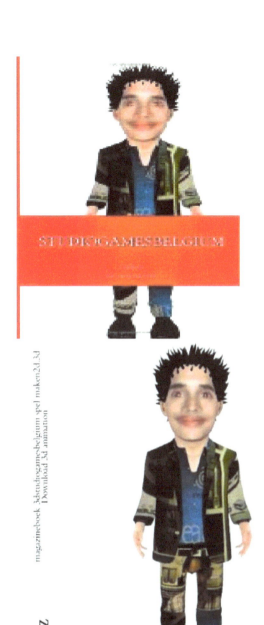

STUDIOGAMESBELGIUM

magazineboek 3dstudiogamesbelgium spel maken2d 3d
Download 3d animation

laaziz laaziz

www.studiogamesbelgium.com

BOOK BUY

PS2版は、Xbox 360、Wiiの、そしてPS3用セガスーパースターズテニス

セガのトップの文字はテニス**WACKY**のスピンをかける！シックスティーン
ファンの好きなセガ

再び利用可能になりましたプレイステーションVitaのシステムソフトウェア
V.1.66

プレイステーションヴィータのアップデートの除去につながったいくつかの"技術的欠陥"の後に、ソニーは公式にアップデートv.1.66が再びダウンロード可能なシステムソフトウェアを発表しました。

あなたはあなたのPSヴィータがオンラインであればアップデートをダウンロードするように促されます。

また、ソニーはまた、この更新プログラムに含まれている他の機能を指摘している。以下今日1.66アップデートに含まれる機能のすべてがあります。

- に追加された[通知アラート]の設定[設定]> [サウンド＆画面設定]
- [10分後]オプションは、[設定]> [パワーセーブ設定]に追加
- 矢印のアイコンは、PS VitaはLiveAreaで新たな活動を検出したときに表示するために導入される。
- オンスクリーンキーボードでCaps Lockキーのアイコンが大文字のテキストの連続した文字列を許可するように固定することができます。
- [システムの音楽]設定で設定> [サウンド＆画面]今、PS StoreでのBGM、近くに、サインアップ画面だけでなく、ホームメニューに影響を与えます。
- 位置データを検索するとき、ユーザーは障害が発生したときに "再試行"と "キャンセル"するオプションがあります。
- プログレスバーは、アプリケーションのインストールのために導入されています。
- プレイステーションストアへの直接リンクは、ユーザーが近くに発見することができるような新しいアプリケーションのために利用できるようになります。
- ユーザーが近い内に、いつでもデータを更新することができ、それらが同じ場所内で提供される。
- 通知アラートの表示時間は5秒から3秒に短縮されました。
- ユニット13、重力の幻惑、近く：機能改善は以下のゲームやアプリケーションで行われている。

あなたのPSヴィータのファームウェアを更新するには、次の手順に従うことができます：

- "設定"メニューの下にある "システムのアップデート"を選択し、Wi-Fi経由であなたのPS Vitaに直接ファームウェアをダウンロードします。
- Content Managerを経由してPS3やPC / MacとアップデートにあなたのPSヴィータを接続します。

PS2、PS3とPS VitaのファイナルファンタジーX

TIDUS
CG MODEL

ファイナルファンタジーXは、奇跡的に彼の故郷の破壊を生き延びた後、遺跡の中で目覚め、ティーダの話で、その後ユウナという若い女性を満たしています。サモナーのように、優奈は遠いお寺に旅行し、オードで、昔の永劫強力な精霊を召喚の秘密技術を学ばなければならない

PAXイースト2013：ヒーローズ＆将軍プレビュー

ヒーローズ＆将軍はオープンベータで現在のMMO、FPS、戦略ゲームです。このスクウェア・エニックスタイトルのためには、何もダウンロードする必要はありません-それは、あなたのブラウザーから完全に果たしている。
ヨーロッパでは第2次世界大戦は絶対地獄です。あなたが初めにあなたの派閥を選ぶ-それは枢軸または連合国なのか-と撮影ベルリンやロンドンのいずれかの方法で勝つ。決定的な戦略的なバトルフロントとFPS戦場を含め、このゲームには複数のコンポーネントがあります。これらの2つの成分は絶対にすべての回で一緒に遊ぶ。 ヨーロッパの戦略マップ時に、あなたは、攻撃強

20

化、に物資を送るためにどの場所を選択します。FPSの戦いで戦っプレー
ヤーが戦略的な意思決定の影響を感じるだろう。同様に、FPSの戦闘が終了
したら、戦略マップで遊ぶ人々はどちらか競合しているポイントを得るまた
は失う。'決闘アクション'この種の面白いと多様なゲームの経験になります。
FPSのゲームは異なる役割を持つさまざまな人の兵士を持って"アサルトチー
ム"を作ることが含まれます。経験上の私の手の中に、私は歩兵と戦車兵とし
て再生することができました。これらの文字は、レベルアップとカスタマイ
ズ可能な武器を持っている。あなたが戦いに突撃チームに兵士をコミットす
る場合は試合が終了するまで、彼はそこにロックされている-あなたは上を移
動する場合も同様です。 歩兵兵士は、彼が見つけることができる様々な武器
とどんな車両へのアクセス権を持っている。彼らは、彼らの敵と戦う彼らの
戦車をサポートしていて、試合に勝つためにポイントをキャプチャします。
歩兵戦闘の主力としての役割を果たし、試合で選手の大半を占めています。
タンクオペレータは正確に彼らがするように、彼らが聞こえる何をすべきか-
戦車を操作してください。攻撃チームのこのメンバーは常にタンクに演じて
います。あなたが死ぬ場合は、タンク内にリスポーン。地図上にあまりにも
多くの戦車がある場合は、タンク内の乗客/砲手としてリスポーン。関係な
く、あなたは、タンクのような活動のいくつかの並べ替えに関与している。
私がしようとする時間を持っていなかった他の2つの役割が飛行機やパラ
シュート部隊であった。基本的には、しかし、あなたがしたいあなたの強襲
チームをプレイ-素晴らしいである。歩兵の一員として、私はタンクの間で操
縦するとき面白いかつ効果的であった、かなり頻繁に自転車を揺さぶった。
現在、マップは、将来的にそれを大きくしたいという願望を持つ18人対18人
である。どんな戦場では、最も高い経験豊かなプレイヤーが司令官となり、
したがって、やりがいの忠誠心と経験を注文を配るためのオプションがあり
ます。にログオンヒーローズ&将軍ウェブサイト、今始める。

ライジングメタルギア：PS3、Xbox 360、およびPC用Revengeance

メタルギアRISING：REVENGEANCEは全く新しいアクションの経験を提供
することに焦点を当てて刺激的な新しい領域に有名なフランチャイズをとり

メタルギアRISING：REVENGEANCEは前に来たものとは違って全く新しい
アクションの経験を提供することに焦点を当てて刺激的な新しい領域に有名
なメタルギアフランチャイズをとります。小島プロダクションとプラチナ
ゲームズにおける世界トップクラスの開発チームを組み合わせることで、メ
タルギアライジング：REVENG

www.ingramcontent.com/pod-product-compliance
Lightning Source LLC
Chambersburg PA
CBHW050938060326
40689CB00040B/674